Bootstrap

Iniciantes

Design rápido e fácil para programadores de web e
aplicativos

Bootstrap 4 - para iniciantes por
Marcelo Carlos Cancinos

ISBN: 9798674708971
Imprint: Independently published

CONTEÚDO

O que é o Bootstrap?

É o CSS Framework mais popular. A estrutura é entendida como um ambiente de trabalho, um conjunto de práticas e critérios para se concentrar em um problema específico. Enquanto CSS (Cascading Style Sheets) é uma linguagem de design gráfico, para estilos de documento HTML ou linguagem de marcação.

Não é necessário nenhum conhecimento prévio do Bootstrap, mas um pouco de html, css e javascript.

O Bootstrap é de código aberto, o que significa que é de código aberto e gratuito. Permite a criação de belos desenhos em tempos de desenvolvimento muito curtos. Adaptável a diferentes navegadores e dispositivos, pois é multiplataforma, interfaces responsivas e design adaptável. E também Mobile First, permitindo criar uma versão otimizada para dispositivos móveis e depois expandir para a Web. Como o bootstrap não apenas permite o design de aplicativos, mas também favorece o design da web, e simplifica a estilização da interface do usuário, ou seja, a parte com a qual o usuário interage.

Uma das vantagens do Bootstrap é que, devido à sua grande agilidade e velocidade no design, é possível criar protótipos, ou seja, gerar um protótipo de um produto muito rapidamente, com um design ágil, adaptável e agradável, fácil de modificar.

Podemos resumir dizendo que o Bootstrap é uma biblioteca ou conjunto de estilos de CSS e, sendo um freamework popular na Web, você encontrará muitos modelos e códigos de exemplo ou plug-ins javascript para animações ou comportamentos; também é robusto, pois é encontrado o todo tempo sob revisão e desenvolvimento.

Como usar:

Basicamente, existem duas maneiras de começar a usar o Bootstrap. O primeiro é através da CDN e o segundo é baixado. Um download direto do site ou por meio de gerenciadores de pacotes, como npm, bower, yarn.

CDN (Content Delivery Network) / Baixar:

O cdn é a maneira mais fácil de usar o bootstrap, já que você apenas precisa copiar um endereço da web em nosso arquivo html. Embora esta seja a maneira mais rápida, ao usar o cdn, toda vez que o site for carregado, os arquivos css e js do servidor de inicialização serão lidos. A vantagem disso, que ao mesmo tempo é uma desvantagem, é que, se o bootstrap fizer uma modificação em seu código, isso afetará diretamente nosso site ou aplicativo. Enquanto que se optarmos pelo download do bootstrap em nosso servidor, ninguém, somente nós, modificará o código ou os arquivos css. E, portanto, nos permite mais flexibilidade para baixar o código no momento do design, pois podemos modificar o código, estilos e comportamentos de inicialização conforme desejamos.

Para iniciar:

Vamos começar dizendo que o site oficial do Bootstrap é o **getbootstrap.com**, aqui podemos encontrar exemplos, tutoriais, tópicos, documentação e informações sobre como usar o CDN e os links para download, por download direto ou por gerenciadores de pacotes.

Também encontraremos uma área Premium para usuários que precisam de projetos mais profissionais pré-projetados com novos plugins, componentes, documentação e ferramentas de construção.

Para o último, podemos inserir **themes.getbootstrap.com** e adquirir o tema que se adapte aos seus gostos e necessidades, por um custo aproximado de US $ 49,00, lembre-se de que o bootstrap é uma ferramenta gratuita e é onde nos dedicaremos.

Também é importante esclarecer que, além do site oficial de temas de bootstrap, existem muitos sites não oficiais, incluindo alguns com temas gratuitos, mas o Bootstrap não é mais responsável pelo código errôneo ou malicioso que pode surgir da modificação do que foi desenvolvido pelo o negócio.

Baixar:

No link de download do site oficial de inicialização, podemos encontrar diferentes maneiras de usá-lo.

Css y Js compilado:
Os arquivos de inicialização são baixados aqui. E estes, juntamente com os arquivos do nosso projeto, estariam prontos para serem enviados para um servidor e usados.

Arquivos Fonte:
É semelhante à opção anterior, mas as fontes de desenvolvimento do Bootstrap também são baixadas junto com algumas outras ferramentas.

Cdn Bootstrap:
Basta copiar os links em nosso arquivo **html**. Recomenda-se que o link **<link>** vamos localizá-lo em nossa área **<head>** como vemos no exemplo abaixo e que o **<script>** vamos colocá-los no final do bloco **<body>,** como os scripts java demoram um pouco mais para carregar e é conveniente que nosso site comece a ver imediatamente com seus estilos css um bom design e, finalmente, teremos tempo para carregar os scripts java que nos fornecerão o comportamento apropriado .

```
<!DOCTYPE html>
    <html lang="pt" dir="ltr">
    <head>
        <meta charset="utf-8">
        <title> Site de teste </title>
        <link rel="stylesheet"
    href="https://stackpath ... >
    </head>
    <body>
        <h1> Isso é uma Prov a </h1>

    <script src="https://code.jquery.com/ ... ></script>
    <script src="https://cdnjs.cloudflare.com/ajax/ ...
></script>
    <script src="https://stackpath.bootstrapcdn.com/ ...
></script>

    </body>
</html>
```

Neste exemplo, o código dos links e scripts foi resumido para questões didáticas de espaço. Para obter o código completo, é recomendável entrar na área de download do site oficial de inicialização.

Gerenciador de pacotes:

É semelhante ao download do bootstrap como a segunda opção, mas é útil se o usarmos em NodeJs, Ruby, .NET, .php.

Eles usam os gerenciadores de pacotes de seus sistemas como **npm** nos NodeJs.

As diferentes maneiras de usar esses gerenciadores de pacotes estão no site Bootstrap. Então, aqui vou colocar o exemplo do NodeJs **npm**.

```
$ npm install bootstrap
```

Veremos seu uso em um ambiente de trabalho do NodeJ em um exemplo mais tarde.

Tipos de letra:

Uma boa maneira de começar a aprender o bootstrap é observando seus estilos de design e, para isso, é essencial começar com fontes.

Como vimos, o bootstrap redefine o estilo que vem por padrão no navegador e torna compatível que um estilo visto de uma maneira em um navegador seja da mesma maneira em um navegador diferente ou em um dispositivo diferente. Vamos explicar isso com um exemplo. O Internet Explorer possui suas fontes padrão, por exemplo, para uma marca **<h1>,** enquanto que para a mesma tag do Google Chrome, ele pode ter uma fonte ou tamanho diferente. O mesmo acontece se virmos nosso site em um laptop ou telefone celular.

Bom, o bootstrap resolve isso definindo para todos os navegadores e dispositivos a mesma fonte e tamanho de fonte para suas diferentes classes. Então, se usarmos uma **class = "h1"** ou um **<h1>** devemos vê-lo da mesma maneira em diferentes dispositivos e / ou navegadores. É por isso que acho bom começar com as fontes deste livro. Dessa forma, podemos ver como nosso conteúdo ficará.

Vamos ver como seriam esses estilos nos cabeçalhos (heading).

Cabeçalhos:

Lembremos que as tags html dos títulos vão de **\<h1\>** a **\<h6\>**, na *Imagem 1*, podemos apreciar como elas ficariam.

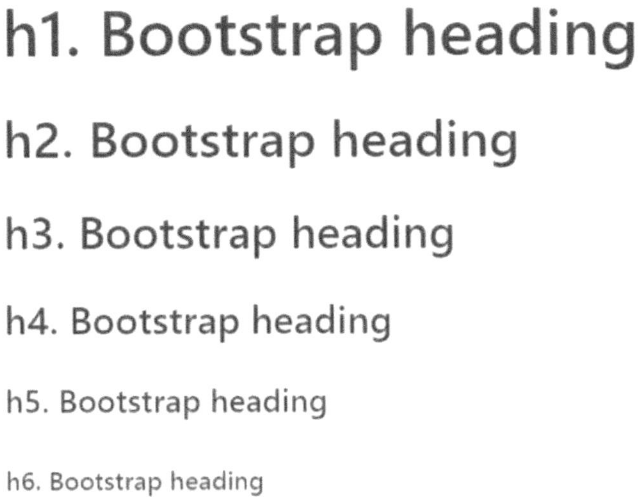

h1. Bootstrap heading

h2. Bootstrap heading

h3. Bootstrap heading

h4. Bootstrap heading

h5. Bootstrap heading

h6. Bootstrap heading

Imagem 1

Para alcançar esse resultado, é possível fazê-lo da maneira convencional, usando rótulos do tipo **\<h\>**.

```
<h1>h1. Bootstrap heading</h1>
<h2>h2. Bootstrap heading</h2>

<h3>h3. Bootstrap heading</h3>

<h4>h4. Bootstrap heading</h4>

<h5>h5. Bootstrap heading</h5>

<h6>h6. Bootstrap heading</h6>
```

Ou também podemos usar qualquer tipo de tag, como uma tag de parágrafo do tipo **<p>,** e instruí-la a usar a classe bootrstrap que possui um estilo específico, por exemplo, um tipo **h1**. Dessa forma, vamos ver um exemplo de como obter o mesmo resultado da imagem 1, usando tags do tipo **<p>** dessa vez.

```
<p class="h1">h1. Bootstrap heading</p>

<p class="h2">h2. Bootstrap heading</p>

<p class="h3">h3. Bootstrap heading</p>

<p class="h4">h4. Bootstrap heading</p>

<p class="h5">h5. Bootstrap heading</p>

<p class="h6">h6. Bootstrap heading</p>
```

Vamos ver outro exemplo com um cabeçalho **<h3>**, mas desta vez usaremos a tag **<small>** Para lembrar, esse rótulo reduz um pouco o texto em relação ao tamanho em uso. Mas não será o resultado de **small** que nos interessam, mas a classe que colocaremos dentro dela será uma **class="text-muted"** isso nos dará a sensação de silêncio visual ou melhor, uma diminuição ou saturação do texto. É melhor explicado visualizando a *Imagem 2*.

Fancy display heading With faded secondary text

Imagem 2

Vamos ver o código necessário para gerar este exemplo.

```
<h3>
Fancy display heading
<small class="text-muted">With faded secondary
text</small>
</h3>
```

Todos esses exemplos podem ser encontrados acessando o site de inicialização no seguinte link: https://getbootstrap.com/docs/4.3/content/typography/

Cabeçalhos de Display:

O site de bootstrap nos diz que os cabeçalhos convencionais, ou seja, os da marca **<h>**, permitem criar um design em nosso site ou aplicativo de formato padrão, mas se queremos cabeçalhos de tamanho maior, eles fornecem seus **Cabeçalhos de Display**, vamos ver a *imagem 3* onde eles são apreciados e, em seguida, um exemplo de código de como gerar esse efeito.

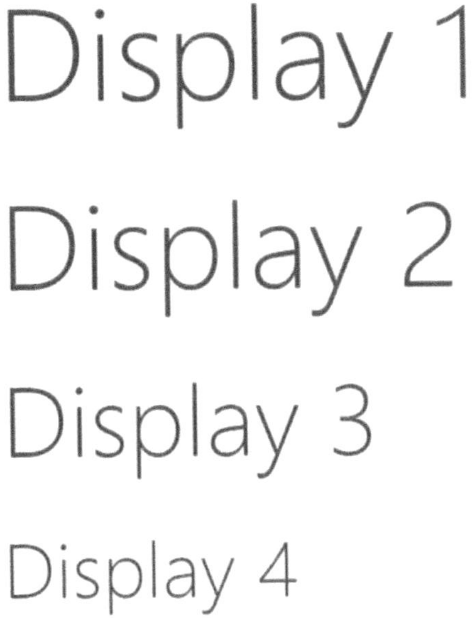

Display 1

Display 2

Display 3

Display 4

Imagem 3

```
<h1 class="display-1">Display 1</h1>
<h1 class="display-2">Display 2</h1>
<h1 class="display-3">Display 3</h1>
<h1 class="display-4">Display 4</h1>
```

Classe Lead:

Agora vamos ver o exemplo de um parágrafo com uma fonte usada na classe lead.

Vivamus sagittis lacus vel augue laoreet rutrum faucibus dolor auctor. Duis mollis, est non commodo luctus.

Imagem 4

```
<p class="lead">
Vivamus sagittis lacus vel augue laoreet rutrum dolor
auctor. Dios mollis, est non commodo luctus.
</p>
```

Estilos de texto:

Aqui na *Imagem 5*, é fácil ver o exemplo e, até agora, veremos abaixo o código necessário para gerá-lo.

You can use the mark tag to highlight text.

~~This line of text is meant to be treated as deleted text.~~

~~This line of text is meant to be treated as no longer accurate.~~

This line of text is meant to be treated as an addition to the document.

This line of text will render as underlined

This line of text is meant to be treated as fine print.

This line rendered as bold text.

This line rendered as italicized text.

Imagem 5

```
<p>You can use the mark tag to
<mark>highlight</mark> text.</p>
<p><del>This line of text is meant to be treated as
deleted text.</del></p>
<p><s>This line of text is meant to be treated as no
longer accurate.</s></p>
<p><ins>This line of text is meant to be treated as an
addition to the document.</ins></p>
<p><del>This line of text is meant to be treated as
deleted text.</del></p>
<p><u>This line of text will render as
underlined.</u></p>
<p><small>This line of text is meant to be treated as
fine print.</small></p>
<p><strong>This line rendered as bold
text.</strong></p>
<p><em>This line rendered as italicized
text.</em></p>
```

Alinhamento:

Vamos ver as diferentes opções para alinhar a citação em blockquote.

```
<blockquote class="blockquote">
  <p class="mb-0">Vivamus sagittis lacus vel augue
laoreet rutrum dolor auctor. Dios mollis, est non
commodo luctus.
  </p>
</blockquote>
```

Neste exemplo acima, podemos ver como usar a clase blockquote sem alinhamento e colocamos uma marca de parágrafo dentro. Para quem não conhece a marca blockquote eles geralmente são usados para inserir textos que se referem a sites ou notas externas. Portanto, é muito comum adicionar maca de rodapé dentro desses blocos bockquote. Vamos ver um exemplo com a marca **<cite>** mas usaremos o estilo para o blockquote blockquote-footer

```
<blockquote class="blockquote">
  <p class="mb-0">Vivamus sagittis lacus vel augue
laoreet rutrum dolor auctor. Dios mollis, est non
commodo luctus.
    <footer class="blockquote-footer">Someone famous
in <cite title="Source Title"lSoruce
Title</cite></footer>
  </p>
</blockquote>
```

A classe blockquote tem um alinhamento à esquerda
por padrão, mas podemos atribuir uma classe à direita
ou centralizada.

```
<blockquote class="blockquote text-center">
```

```
<blockquote class="blockquote text-right">
```

Finalmente, nesta parte do site de bootstrap falamos
sobre as listas.

Mas não apenas as citações em bloco podem ser
alinhadas, mas também outras marcas html, como
marcas de parágrafo **<p>**, vamos ver os alinhamentos,
esquerdo, direito, central e justificado.

```
<p class="text-left"> Texto de teste </p>

<p class="text-right"> Texto de teste </p>

<p class="text-center"> Texto de teste </p>

<p class="text-justify"> Texto de teste </p>
```

Alinhamento Adaptativo:
Dependendo do tamanho da tela do dispositivo, os textos podem alterar seu alinhamento. Vamos ver quais são esses tamanhos de tela.

SM (small) pequeno
MD (Medium) médio
LG (Large) Grande
XL (Xtra Large) Extra Grande

O que acontecerá é que, para diferentes tipos de dispositivos ou tamanhos de tela, podemos ter alinhamentos diferentes, vamos dar um exemplo.

```
<p class="text-sm-right"> Texto de amostra </p>
<p class="text-md-left"> Texto de amostra </p>
<p class="text-lg-center"> Texto de amostra </p>
```

Desta forma, para telas **small**, nosso **texto de exemplo**, vai alinhar para a direita. Se você alterar o tamanho da tela, porque altera o tamanho do navegador ou gira a tela do telefone celular, altera a resolução da tela ou altera o dispositivo para um tamanho médio, o **texto de exemplo** será exibido à esquerda de acordo com o nosso exemplo e para o centro de uma tela grande.

Se para o caso apenas o alinhamento foi usado sem indicar o tamanho da tela, então para qualquer tamanho que seja o nosso alinhamento.

Também podemos fazer um alinhamento vertical.

baseline top middle bottom text-top text-bottom

Imagem 6

```
<span class="align-baseline">baseline</span>
<span class="align-top">top</span>
<span class="align-middle">middle</span>
<span class="align-bottom">bottom</span>
<span class="align-text-top">text-top</span>
<span class="align-text_bottom">text-bottom</span>
```

Fixação:

A classe de fixação é usada para gerar um tipo de objeto ou grupo de objetos que serão fixados na tela em uma posição específica.

Uma opção é, por exemplo, definir o texto no topo; dessa forma, se você continuar descendo com a barra de rolagem, vamos ver que o texto fixo permanece no topo.

```
<h1 class="fixed-top">texto fixo</h1>
```

O outro exemplo que pode nos interessar é definir um texto, mas desta vez na parte inferior da tela. Isso seria feito da seguinte maneira:

```
<h1 class="fixed-bottom">texto fixo</h1>
```

Dessa maneira, um rodapé perfeito pode ser gerado.

Algo semelhante à fixação são aquelas navegações, faixas ou textos que, da mesma maneira que a fixação está posicionada em algum lugar, mas se movem e permanecem fixos somente quando a posição desejada é alcançada, por exemplo, a parte superior. Eles também são conhecidos como pegajosos ou sticky

```
<h1 class="sticky-bottom">texto fixo e pegajoso baixo
</h1>

<h1 class="fixed-top"> texto fixo e pegajoso
arriba</h1>
```

Mudando a cor:

Vamos ver as cores padrão que o bootstrap nos fornece. No caso das cores, elas não são nomeadas por padrão como vermelho, amarelo ou verde. Em vez disso, eles receberam uma classe que representa um estado. Por exemplo, uma cor vermelha pode ser um estado de perigo. Dessa maneira, qualquer etiqueta que use uma classe do tipo cor de perigo ficará vermelha, em texto ou em segundo plano. Isso é muito útil para quando estamos criando aplicativos e queremos marcar o status ou o tipo de texto.

Vamos ver alguns exemplos de texto com cores e depois um plano de fundo também com cores. É claro que você pode recorrer à combinação, como um plano de fundo com uma cor e texto de outra cor (consulte o último exemplo nesta lista de exemplos). Esclarecimentos, embora neste exemplo eu use um tag do tipo **<h1>,** lembre-se de que a marca pode ser de qualquer tipo, por exemplo, um parágrafo **<p>.**

```
<h1 class="texto-primary"> texto azul claro </h1>
```

```
<h1 class="text-success"> texto verde </h1>
```

```
<h1 class="text-info"> texto verde água </h1>
```

```
<h1 class="text-warning"> texto amarelo </h1>
```

```
<h1 class="text-success"> texto verde </h1>
```

```
<h1 class="text-danger"> texto vermelho </h1>

<h1 class="text-dark"> texto de cor escura </h1>

<h1 class="text-white"> texto branco </h1>

<h1 class="invisible"> texto invisível em cores </h1>

<h1 class="bg-info"> o fundo do texto é verde água </h1>

<h1 class="bg-primary"> neste caso, o fundo é azul claro </h1>

<h1 class="bg-dark text-white"> texto em branco com fundo escuro </h1>
```

Espaçados:

Quando falamos em espaçamento, queremos dizer o **margin** e **padding** dos elementos. Vale esclarecer que essa classe pode ser usada em qualquer marca de html. Vamos nos referir às **margin** com a letra **m** e os **padding** com a letra **p**.

Então você deve colocar uma segunda letra que nos diga que tipo de **margin** ou **padding** nos referimos.

T	Top	Acima
B	Bottom	Baixa
L	Left	Esquerda
R	Right	Direita
X	Both X	Esquerda e Direita
Y	Both Y	Para cima e para baixo
SEM LETRA		Os 4 R,L,T y B

E finalmente um terceiro caractere, um número.

0	Sem margen ou padding
1	Espaço 0.25
2	Espaço 0.5
3	Espaço 1
4	Espaço 1.5
5	Espaço3
Auto	Margem automática (Somente para margin)

Vejamos um exemplo com uma marca de tipo **<p>**.

```
<p class="mx-2"> Testando ambas as margens com margem 0.5</p>
```

Finalmente, vamos ver na imagem 7 um exemplo de padding onde deixa um espaço de 3 na parte superior, ou seja, **pt-5**

hello world

```
<h1 class="bg-success pt-5">hello world</h1>
```

Também podemos dizer a largura e / ou altura que uma classe ocupará. No exemplo anterior, adicionaremos **w-25**, o que indica que esse objeto terá um tamanho que ocupa apenas **25%** da tela.

```
<h1 class="bg-success pt-5 w-25">hello world</h1>
```

É claro que esse número **w** pode variar até 100%. Da mesma forma, se quiséssemos marcar uma porcentagem alta, em vez de usar **w**, usaríamos **h**.

```
<h1 class="bg-success pt-5 h-25">hello world</h1>
```

Botões:

A marca html para criar um botão é **<button>**, Dentro é geralmente o tipo de botão **type="subit"** ou **type="reset"**, como mencionar um exemplo. Bem, com o bootstrap, também podemos mudar sua aparência ou cor com uma classe.

Já vimos as cores nos textos antes, bem, isso é algo semelhante. A classe é **class="btn"** e a cor é semelhante ao texto, mas com as letras **btn** na frente.

Ex: **class="btn btn-primary"**

<button class="btn btn-primary"> botão </button>

Da mesma forma, darei um exemplo com uma cor amarela.

<button class="btn btn-warning"> botão </button>

Existe outro tipo de cor que nunca vimos antes que simula um hiperlink, ou seja, um link.

<button class="btn btn-link"> botão </button>

Como essas classes de bootstrap são exatamente isso, para qualquer marca, podemos dar essas classes, por exemplo, se uma marca do tipo **<a>** que é usado para links, colocamos uma classe de bootstrap do tipo botão, e um comportamento semelhante nos dará um bom presente de um link com o comportamento do botão; vemos um exemplo.

```
<a class="btn btn-primary" href="#">Nosso Link </a>
```

Outro tipo de classe de botão é aquele que tem uma linha colorida ao redor e nenhuma cor dentro. A lista de cores é a mesma que aprendemos, mas o prefixo **outline** é adicionado à classe. Vamos ver um exemplo.

```
<button class="btn btn-outline-primary"> botão
</button>
```

Também podemos alterar o tamanho dos botões. Vamos ver um exemplo de um botão grande.

```
<button class="btn btn-primary btn-lg"> botão
</button>
```

Também os temos em seu tamanho pequeno, **class="btn-sm"**, small.

Mas também temos um novo tipo que é do tipo bloco, que cobre a tela inteira. **Class="btn-block"**

```
<button class="btn btn-primary btn-block"> botão
</button>
```

Finalmente, vamos ver um botão suspenso, do tipo **dropdown**. É como criar um menu. Vamos dar um exemplo de criação de um botão de menu com três opções.

```
<div class="dropdown">
  <button class="btn btn-primary" data-
togle="dropdown">
   Menú desdobrável
  </button>
  <div class="dropdown-menu">
    <a href="#" class="dropdown-item"> Item Um
</a>
    <a href="#" class="dropdown-item"> Item Dois
</a>
    <a href="#" class="dropdown-item"> Item três
</a>
  </div>
</div>
```

Também é possível criar um grupo de botões que nos ajudarão a criar um menu, seja com alinhamento horizontal, com a classe **btn-group** ou vertical com **class="btn-group-vertical"**

Ex:

```
<div class="btn-group">
  <button class="btn btn-primary"> Um </button>
  <button class="btn btn-primary"> Dois </button>
  <button class="btn btn-primary"> Três </button>
</div>
```

Para tudo isso, podemos criar submenus diferentes dentro deles, como vimos anteriormente.

Biblioteca de ícones:

Assim como o bootstrap nos fornece um CDN de estilos. Há também um site conhecido que nos empresta um CDN de ícones. Este é o **fontawesome.com.** Da mesma maneira que adicionamos o cdn de bootstrap, copiaremos o link do site fontawesome e o colocaremos em nosso cabeçalho.

```
<head>
  <link rel="stylesheet" href="https://... >
</head>
```

O link pode ser obtido registrando-se no site.

Agora vamos ver um exemplo de como colocar um ícone em nossos botões, usando um pequeno rótulo **<i>**.

```
<button class="btn btn-primary">
  <i class="fa fa-user"></i>
  Botão
</button>
```

Sendo classe **fa** por **fontawesome** e **fa-user** o tipo de ícone. Podemos ver uma lista dos ícones disponíveis no site fontawesome.

Este é um exemplo de muitos outros ícones cdn que podemos encontrar na web.

Lista Group:

Como já vimos, quando tenho um grupo de objetos, posso orientá-los na vertical, e é assim que acontece por padrão ou horizontalmente.

Primeiro, precisamos nomear as classes que compõem o **lista group** e isso é: **list-group** para a criação do list.group e **list-group-item** para adicionar cada um dos itens. Por fim, mencionarei que, para o exemplo a seguir, como também vimos anteriormente, é possível criar um list group com tamanho de tela diferente, sm, md, lg, xl e para este exemplo, usaremos um pequeno alinhamento horizontal.

Cras justo odio   Dapibus ac facilisis in   Morbi leo risus

Imagem 8

```
<ul class="list-group list-group-sm">
  <li class="list-group-item">Cras justo odio</li>
  <li class="list-group-item">Dapibus ac facilisis
in</li>
  <li class="list-group-item">Morbi leo risus</li>
</ul>
```

Finalmente, se quisermos mudar a cor do item, podemos fazê-lo adicionando a cor no final da aula

```
<li class="list-group-item-primary">Morbi leo
risus</li>
```

Classe badge:

Vamos ver dois exemplos desse estilo, que geralmente são usados para mostrar o número de mensagens.

```
<button type="button" class="btn btn-primary">
   Profile <span class="badge badge-light">9</span>
   <span class="sr-only">unread messages</span>
</button>
```

Imagem 9

Nesta imagem, tirada do site de bootstrap, podemos ver um exemplo do código e o que o badges.

Vamos ver um segundo exemplo também no site da bootstrap.

```
<span class="badge badge-primary">Primary</span>
<span class="badge badge-secondary">Secondary</span>
<span class="badge badge-success">Success</span>
<span class="badge badge-danger">Danger</span>
<span class="badge badge-warning">Warning</span>
<span class="badge badge-info">Info</span>
<span class="badge badge-light">Light</span>
<span class="badge badge-dark">Dark</span>
```

Imagem 10

Se quiséssemos mudar o tipo de badge para um mais oval, podemos usar a classe **badge-pill**

Ex: **badge badge-pill**

Animação:

Vamos ver outro CDN famoso, mas desta vez ele permite criar animações para qualquer objeto.
Podemos encontrar isso em seu repositório git: https://daneden.github.io/animate.css/

Nós apenas temos que clicar no botão **view on github** y lá vamos encontrar o seguinte link: https://github.com/daneden/animate.css

Como vimos até agora, basta adicionar o link do link no cabeçalho para poder usar o cdn.

```
<head>
 <link rel="stylesheet" href="animate.min.css" >
</head>
```

Isto é, se já tivermos baixado o .css, caso contrário, também podemos vincular diretamente host animated.

```
<link rel="stylesheet"
href="https://cdnjs.cloudflare.com/ajax/libs/animate.
css/3.7.2/animate.min.css">
```

Suponha que o que queremos é animar um cartão para que, na classe **card** de inicialização, adicionaremos as classes **animated**

Vamos ver um código de exemplo

```
<div class="card animated fadeInDown">Morbi leo risus</li>
```

Onde **animated** indica que a animação será usada e xxx nos diz o tipo de animação, que eu simplesmente a escolho no menu suspenso da página principal do cdn animated e pressione o botão animar.

No caso deste exemplo, o que você fará é fazer uma animação ao carregar a página em que o cartão está voltado para cima, movendo-se para a posição final.

Barras de navegação:

Na minha opinião, as barras de navegação ou **navbar** elas são uma das coisas mais legais no formato de inicialização estilizada. Para entender melhor o que estamos falando, podemos ver abaixo um exemplo na imagem do que seria uma barra de navegação e o código necessário para gerá-la.

Navbar Home Link Dropdown ▾ Disabled   Search   Search

Imagem 11

```
<nav class="navbar navbar-expand-lg navbar-light bg-light">
  <a class="navbar-brand" href="#">Navbar</a>
  <button class="navbar-toggler" type="button" data-toggle="collapse" data-target="#navbarSupportedContent" aria-controls = "navbarSupportedContent" aria-expanded="false" aria-label="Toggle navigation">
    <span class="navbar-toggler-icon"></span>
  </button>

  <div class="collapse navbar-collapse" id="navbarSupportedContent">
    <ul class="navbar-nav mr-auto">
    <li class="nav-item active">
      <a class="nav-link" href="#">Home <span class="sr-only"> (current) </span></a>
    </li>
    <li class="nav-item">
      <a class="nav-link" href="#">Link</a>
```

```
    </li>
    <li class="nav-item dropdown">
     <a class="nav-link dropdown-toggle" href="#"
id="navbarDropdown" role="button" data-
toggle="dropdown" aria-haspopup="true" aria-
expanded="false">
       Dropdown
     </a>
     <div class="dropdown-menu" aria-
labelledby="navbarDropdown">
       <a class="dropdown-item" href="#">Action</a>
       <a class="dropdown-item" href="#">Another
action</a>
       <div class="dropdown-divider"></div>
       <a class="dropdown-item" href="#">Something
else here</a>
     </div>
    </li>
    <li class="nav-item">
     <a class="nav-link disabled" href="#" tabindex="-
1" aria-disabled="true">Disabled</a>
    </li>
   </ul>
   <form class="form-inline my-2 my-lg-0">
    <input class="form-control mr-sm-2" type="search"
placeholder="Search" aria-label="Search">
    <button class="btn btn-outline-success my-2 my-
sm-0" type="submit">Search</button>
   </form>
  </div>
</nav>
```

Como podemos ver na linha abaixo, temos uma classe type navbar E então, como vimos nos exemplos anteriores, podemos indicar o tamanho, neste caso, seu tamanho é lg ou longo. Na verdade, a classe usada é navbar-expand-lg o que significa que a barra de navegação será expandida quando a tela aumentar. Isso significa que, caso contrário, quando a tela for média ou pequena, como é o caso dos telefones celulares, a barra de navegação se contrairá, deixando o menu dobrado ou recolhido com o botão típico de três linhas que indica que podemos exibir ou recolher um menu de opções.

Por fim, mostra o tipo de cor ou tema que a barra de navegação terá, nesse caso, é do tipo light, ou seja claro. Outra opção pode ser do tipo dark.

```
<nav class="navbar navbar-expand-lg navbar-light bg-light">
```

Abaixo, na segunda linha, podemos ver como aparece aquela que cria o título ou o logotipo da barra

```
<a class="navbar-brand" href="#">Navbar</a>
```

E, como vemos, essa classe é usada dentro de uma tag de tipo **<A>**, isso deve ser capaz de gerar um link quando pressionado o mesmo.

A próxima parte a destacar é a que vemos abaixo, que é o código necessário para amar o botão recolhível mencionado anteriormente.

```
<button class="navbar-toggler" type="button" data-
toggle="collapse" data-
target="#navbarSupportedContent" aria-controls =
"navbarSupportedContent" aria-expanded="false" aria-
label="Toggle navigation">
  <span class="navbar-toggler-icon"></span>
</button>
```

Também podemos ver como adicionar alguns itens de menu na forma de um hiperlink

```
<a class="nav-link" href="#">Home <span
class="sr-only"> (current) </span></a>
```

Ou vemos mais claramente com o seguinte código com a classe **nav-item** especifique bootstrap para criar um item. Com o correspondente **nav-link**

```
<li class="nav-item">
  <a class="nav-link" href="#">Link</a>
</li>
```

Abaixo, vemos o código necessário para criar a lista drop ou suspensa que aparece na barra de navegação com o ícone de seta abaixo..

```
<li class="nav-item dropdown">
  <a class="nav-link dropdown-toggle" href="#"
id="navbarDropdown" role="button" data-
toggle="dropdown" aria-haspopup="true" aria-
expanded="false">
    Dropdown
  </a>
```

```
    <div class="dropdown-menu" aria-
labelledby="navbarDropdown">
      <a class="dropdown-item" href="#">Action</a>
      <a class="dropdown-item" href="#">Another
action</a>
      <div class="dropdown-divider"></div>
      <a class="dropdown-item" href="#">Something
else here</a>
    </div>
  </li>
```

E então o código necessário para criar o botão desativado (disable)

```
<li class="nav-item">
  <a class="nav-link disabled" href="#" tabindex="-
1" aria-disabled="true">Disabled</a>
</li>
```

Finalmente, o formulário de pesquisa

```
<form class="form-inline my-2 my-lg-0">
  <input class="form-control mr-sm-2" type="search"
placeholder="Search" aria-label="Search">
  <button class="btn btn-outline-success my-2 my-
sm-0" type="submit">Search</button>
</form>
```

Vimos que o referido formulário de pesquisa possui um botão de tipo btn btn-outline-success que por sua vez submit

Para terminar com este exemplo, devemos observar que o código de amostra no início possui uma tag html do tipo <nav> e fecha com um </nav>. Isso permite a montagem da barra de navegação

```
<nav class="navbar navbar-expand-lg navbar-light bg-light">
.
.
.
</nav>
```

Agora vamos ver outro exemplo de código, como mostrado na imagem 12, para ver como adicionar um logotipo à nossa barra

Imagem 12

```
<nav class="navbar navbar-light bg-light">
  <a class="navbar-brand" href="#">
    <img src="bootstrap-solid.svg" width="30" height="30" class="d-inline-block align-top" alt="">
    Bootstrap
  </a>
</nav>
```

Imagem 13

Nesta última imagem, podemos ver um exemplo de diferentes temas ou esquemas com cores diferentes. Vamos olhar para algum código sobre isso.

```
<nav class="navbar navbar-dark bg-dark">
  <!-- Navbar content -->
</nav>

<nav class="navbar navbar-dark bg-primary">
  <!-- Navbar content -->
</nav>

<nav class="navbar navbar-light" style="background-color: #e3f2fd;">
  <!-- Navbar content -->
</nav>
```

Finalmente o seu posicionamento. Abaixo, veremos três códigos diferentes. Um para fixar a barra na parte superior, o outro para fixar na parte inferior e, finalmente, um sticky ou pegajoso que é fixo ao rolar a página da web ou aplicativo.

```
<nav class="navbar fixed-top navbar-light bg-light">
  <a class="navbar-brand" href="#">Fixed top</a>
</nav>

<nav class="navbar fixed-bottom navbar-light bg-light">
```

```
  <a class="navbar-brand" href="#">Fixed bottom</a>
</nav>


<nav class="navbar sticky-top navbar-light bg-light">
  <a class="navbar-brand" href="#">Sticky top</a>
</nav>
```

Outra opção que pode ser explorada é usar esses botões de tipo colapsables e colocar dentro de determinadas informações que não necessariamente precisariam ter itens ou links. O que poderia se quiséssemos. Vejamos as figuras 14 e 15 primeiro colapsado, sem recolher e para finalizar o código de exemplo fornecido pela página de bootstrap.

Imagem 14

Imagem 15

```
<div class="pos-f-t">
  <div class="collapse"
id="navbarToggleExternalContent">
    <div class="bg-dark p-4">
      <h5 class="text-white h4">Collapsed content</h5>
```

```html
    <span class="text-muted">Toggleable via the
navbar brand.</span>
    </div>
  </div>
  <nav class="navbar navbar-dark bg-dark">
    <button class="navbar-toggler" type="button" data-
toggle="collapse" data-
target="#navbarToggleExternalContent" aria-
controls="navbarToggleExternalContent" aria-
expanded="false" aria-label="Toggle navigation">
    <span class="navbar-toggler-icon"></span>
    </button>
  </nav>
</div>
```

Alertas:

E agora, como vemos na imagem 16, é a vez dos alertas. Veremos dois exemplos, o exemplo da imagem 16 e o da imagem 17, que também são alertas, mas possuem hiperlinks dentro. Dessa maneira, o estilo do hiperlink é estilizado para corresponder ao estilo do alerta. E no exemplo da imagem 18, também veremos um alerta simples. Mas desta vez ele terá um pequeno ícone à direita na forma de uma cruz, responsável por fechar esse alerta.

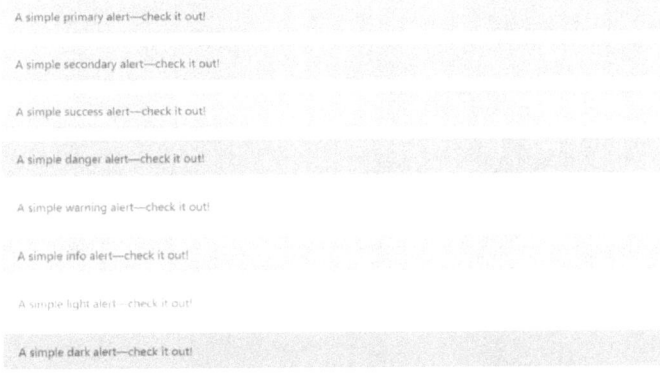

Imagem 16

```
<div class="alert alert-primary" role="alert">
A simple primary alert—check it out!
</div>
<div class="alert alert-secondary" role="alert">
A simple secondary alert—check it out!
</div>
<div class="alert alert-success" role="alert">
A simple success alert—check it out!
</div>
<div class="alert alert-danger" role="alert">
A simple danger alert—check it out!
</div>
<div class="alert alert-warning" role="alert">
A simple warning alert—check it out!
</div>
<div class="alert alert-info" role="alert">
A simple info alert—check it out!
</div>
<div class="alert alert-light" role="alert">
A simple light alert—check it out!
</div>
<div class="alert alert-dark" role="alert">
A simple dark alert—check it out!
</div>
```

Como vemos, o código é muito simples. Só classe alert e sua cor, como exemplos de classes anteriores. Neste primeiro código, por exemplo alert-primary. Também vemos que a tag de função nesse caso seria **Alert**

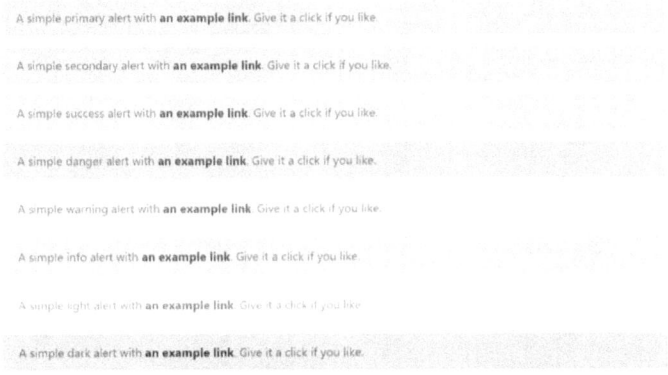

Imagem 17

```
<div class="alert alert-primary" role="alert">
```
A simple primary alert with `<a href="#" class="alert-link">`an example link`</a>`. Give it a click if you like.
```
</div>
<div class="alert alert-secondary" role="alert">
```
A simple secondary alert with `<a href="#" class="alert-link">`an example link`</a>`. Give it a click if you like.
```
</div>
<div class="alert alert-success" role="alert">
```
A simple success alert with `<a href="#" class="alert-link">`an example link`</a>`. Give it a click if you like.
```
</div>
<div class="alert alert-danger" role="alert">
```
A simple danger alert with `<a href="#" class="alert-link">`an example link`</a>`. Give it a click if you like.
```
</div>
<div class="alert alert-warning" role="alert">
```
A simple warning alert with `<a href="#" class="alert-link">`an example link`</a>`. Give it a click if you like.

```
</div>
<div class="alert alert-info" role="alert">
  A simple info alert with <a href="#" class="alert-
link">an example link</a>. Give it a click if you like.
</div>
<div class="alert alert-light" role="alert">
  A simple light alert with <a href="#" class="alert-
link">an example link</a>. Give it a click if you like.
</div>
<div class="alert alert-dark" role="alert">
  A simple dark alert with <a href="#" class="alert-
link">an example link</a>. Give it a click if you like.
</div>
```

Como vemos no exemplo, o código é muito simples.

```
<div class="alert alert-primary" role="alert">
  A simple primary alert with <a href="#" class="alert-
link">an example link</a>. Give it a click if you like.
</div>
```

É apenas um **<div>** com uma classe **alert** Como vimos, primeiro é preciso o tipo de classe e depois a cor. Neste caso **alert-primary**. Mas também temos a classe **alert-link** que é colocar o nosso hiperlink.

No último caso, vamos ver a imagem 18 que mostra como colocar esse botão que permite fechar o alerta como mencionado anteriormente.

Holy guacamole! You should check in on some of those fields below   x

Imagem 18

```html
<div class="alert alert-warning alert-dismissible fade show" role="alert">
  <strong>Holy guacamole!</strong> You should check in on some of those fields below.
  <button type="button" class="close" data-dismiss="alert" aria-label="Close">
    <span aria-hidden="true">&times;</span>
  </button>
</div>
```

Barras de progresso:

Vamos ver agora alguns exemplos de barra de progresso.

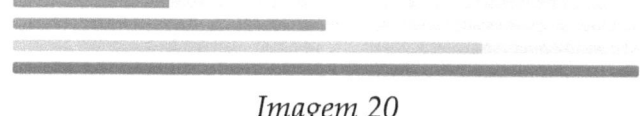

Imagem 19

Agora vamos ver o código html necessário para gerar essa barra de progresso com seus label, neste caso 25%.

```
<div class="progress">
 <div class="progress-bar" role="progressbar"
style="width: 25%;" aria-valuenow="25" aria-
valuemin="0" aria-valuemax="100">25%</div>
</div>
```

Como você pode ver, é um código curto. Neste ponto do livro não é necessário explicar os nomes das classes, basta neste caso apontar que temos 3 números 25, o primeiro será a largura da barra azul, então temos o valor atual, veja que ele tem um valor mínimo e máximo e, finalmente, antes do div, temos 25%, que é o texto que aparece no exemplo.

Na imagem 19, podemos ver outro exemplo, mas desta vez, alterando a cor de fundo da barra de progresso.

Imagem 20

```
<div class="progress">
 <div class="progress-bar bg-success"
role="progressbar" style="width: 25%" aria-
valuenow="25" aria-valuemin="0" aria-
valuemax="100"></div>
</div>
<div class="progress">
 <div class="progress-bar bg-info" role="progressbar"
style="width: 50%" aria-valuenow="50" aria-
valuemin="0" aria-valuemax="100"></div>
</div>
<div class="progress">
 <div class="progress-bar bg-warning"
role="progressbar" style="width: 75%" aria-
valuenow="75" aria-valuemin="0" aria-
valuemax="100"></div>
</div>
<div class="progress">
 <div class="progress-bar bg-danger"
role="progressbar" style="width: 100%" aria-
valuenow="100" aria-valuemin="0" aria-
valuemax="100"></div>
</div>
```

Como eu disse anteriormente neste ponto, os exemplos são fáceis de entender, portanto, as explicações são desnecessárias. Isso também torna mais fácil entrar na página de bootstrap oficial e entender a maioria dos exemplos que são apresentados lá.

O site oficial do bootstrap possui uma pequena barra de pesquisa onde é possível colocar o texto a ser pesquisado. Como neste caso **progress** e nos dará como resultados exemplos diferentes das diferentes classes.

Isso ajudará o leitor a ver o restante das classes, talvez novas ou existentes, que escapam deste livro..

Vemos outro exemplo, mas desta vez o de uma barra que contém um determinado estilo e uma animação à parte. Podemos ver na próxima imagem e no próximo código.

Imagem 21

```
<div class="progress">
 <div class="progress-bar progress-bar-striped
progress-bar-animated" role="progressbar" aria-
valuenow="75" aria-valuemin="0" aria-valuemax="100"
style="width: 75%"></div>
</div>
```

Mas desta vez eu recomendo que você dê uma olhada nos códigos e exemplos das barras que são apresentadas na página oficial de bootstrap. Deixo-vos um link para as barras de progresso:

https://getbootstrap.com/docs/4.3/components/prog ress

Como você verá, os exemplos já são fáceis de entender e você pode ver claramente que, em um tópico visto no livro, nas páginas você possui informações abundantes, tipos diferentes e seus códigos de exemplo.

Faltam alguns para terminar:

Agora estamos terminando de aprender o básico, precisamos apenas ver algumas classes importantes ou agradáveis e, no final do livro, veremos um exemplo de site criado com o bootstrap. Como é dito frequentemente um exemplo da vida real.

Veremos agora: Os cartões (card), Carousel, Formularios (forms), Jumbotron, Janelas modais (modal), Popovers, Spinners, Toasts, Embeds, Tons (Shadows), e, finalmente, veremos o exemplo da vida real acima mencionado.

Os cartões (card):

Os cartões não são nem mais nem menos do que recipientes. Ou pelo menos é assim que o bootstrap os define. Esses contêineres consistem em um cabeçalho e um corpo. Claro, como eles são todos ou melhor, a maioria das classes de bootstrap tendem a ter os mesmos estilos, é por isso que listas ou hiperlinks são criados para serem usados dentro desta classe de cartão. Vamos ver alguns exemplos (Imagem 22) que também interpretaremos do site oficial de bootstrap.

Card title

Some quick example text to build on the card title and make up the bulk of the card's content.

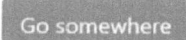

Imagem 22

```
<div class="card" style="width: 18rem;">
  <img src="..." class="card-img-top" alt="...">
  <div class="card-body">
    <h5 class="card-title">Card title</h5>
    <p class="card-text">Some quick example text to
build on the card title and make up the bulk of the
card's content.</p>
    <a href="#" class="btn btn-primary">Go
somewhere</a>
  </div>
</div>
```

Neste código fica claro que a classe é chamada **card** e no estilo vemos claramente a largura, vemos também que possui uma imagem que está posicionada na parte superior e um corpo o **card-body** e vemos que ele usa um estilo para o título chamado **card-text** e embora seja fácil deduzir, vamos dar uma olhada nos dois últimos estilos vistos neste exemplo, que são **card-text** para o texto dentro e **btn btn-primary** que não é nem mais nem menos do que um botão, como já tínhamos visto claramente anteriormente neste livro.

Vamos ver quais são as classes para links.

```
<a href="#" class="card-link">Card link</a>
<a href="#" class="card-link">Another link</a>
```

E vamos ver também a classe para usar as listas.

```html
<ul class="list-group list-group-flush">
  <li class="list-group-item">Cras justo odio</li>
  <li class="list-group-item">Dapibus ac facilisis
in</li>
  <li class="list-group-item">Vestibulum at eros</li>
</ul>
```

E no próximo exemplo da Imagem 23, veremos para finalizar com os cartões de tópicos um exemplo que usa não só o cabeçalho e o corpo, mas também o rodapé.

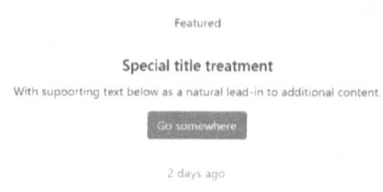

Imagem 23

```
<div class="card text-center">
 <div class="card-header">
  Featured
 </div>
 <div class="card-body">
  <h5 class="card-title">Special title treatment</h5>
  <p class="card-text">With supporting text below as a
natural lead-in to additional content.</p>
  <a href="#" class="btn btn-primary">Go
somewhere</a>
 </div>
 <div class="card-footer text-muted">
  2 days ago
 </div>
</div>
```

Acho que o código é autoexplicativo. Recomendo ver o tema das escalações e as cores de fundo dos cartões no seguinte endereço da web:

https://getbootstrap.com/docs/4.4/components/card/

Carousel:

O carrossel é mais fácil de identificar por uma imagem, e veremos isso na Imagem 24, É o cabeçalho típico que os blogs do wordpress geralmente têm, onde contém várias imagens ou textos ou recipientes que deslizam automaticamente.

Imagem 24

```
<div id="carouselExampleControls" class="carousel
slide" data-ride="carousel">
 <div class="carousel-inner">
  <div class="carousel-item active">
   <img src="..." class="d-block w-100" alt="...">
  </div>
  <div class="carousel-item">
   <img src="..." class="d-block w-100" alt="...">
  </div>
  <div class="carousel-item">
   <img src="..." class="d-block w-100" alt="...">
  </div>
 </div>
</div>
```

```
  <a class="carousel-control-prev"
href="#carouselExampleControls" role="button" data-
slide="prev">
    <span class="carousel-control-prev-icon" aria-
hidden="true"></span>
    <span class="sr-only">Previous</span>
  </a>
  <a class="carousel-control-next"
href="#carouselExampleControls" role="button" data-
slide="next">
    <span class="carousel-control-next-icon" aria-
hidden="true"></span>
    <span class="sr-only">Next</span>
  </a>
</div>
```

Nesse código, vemos claramente que o carrossel está dividido em itens, um deles ativo, por outro lado também possui um controle anterior e outro próximo.

Por favor, consulte o site oficial de bootstrap para mais exemplos e estilos que podem ser gerados com esta bela classe.

Formulários (forms):

Vamos ver um exemplo simples de um formulário na *Imagem 25* com seu código de exemplo correspondente abaixo, embora no final deste livro iremos dar um exemplo prático chamado *Exemplo da vida real*, onde retornaremos ao conceito do uso de formulários, mas desta vez emoldurados em algum tipo de recipiente para formatá-lo.

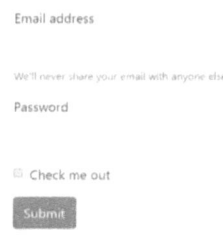

Imagem 25

```html
<form>
 <div class="form-group">
  <label for="exampleInputEmail1">Email
address</label>
  <input type="email" class="form-control"
id="exampleInputEmail1" aria-
describedby="emailHelp">
  <small id="emailHelp" class="form-text text-
muted">We'll never share your email with anyone
else.</small>
 </div>
 <div class="form-group">
  <label
for="exampleInputPassword1">Password</label>
  <input type="password" class="form-control"
id="exampleInputPassword1">
 </div>
 <div class="form-group form-check">
  <input type="checkbox" class="form-check-input"
id="exampleCheck1">
  <label class="form-check-label"
for="exampleCheck1">Check me out</label>
 </div>
 <button type="submit" class="btn btn-
primary">Submit</button>
</form>
```

Se você tem um pouco de conhecimento de html e manipulação de formulários, este código deve ser autoexplicativo. Caso contrário, recomendo que você faça uma pequena pesquisa sobre o uso de formulários, que é amplamente utilizado, mas que escapa a este livro por compreender um uso um pouco mais avançado de html.

Também recomendo procurar informações no site oficial de bootstrap sobre como estilizar os diferentes elementos que geralmente compõem os formulários.

Jumbotron:

Como no caso de um carrossel, é mais fácil identificar um Jumbotron se virmos do que se trata na imagem 26. Embora possamos antecipar que se trata de outro tipo de recipiente, como cartões.

Imagem 26

Não se deixe enganar pelo tamanho da imagem, este contêiner jumbotron É bastante grande e quero esclarecer que também pode ser colocado dentro de um recipiente, usando os diferentes rótulos **div** e classes **container**, isso seria usado para alinhá-lo ou redimensioná-lo. Agora, a seguir, veremos o código que torna este exemplo possível.

```
<div class="jumbotron">
 <h1 class="display-4">Hello, world!</h1>
 <p class="lead">This is a simple hero unit, a simple jumbotron-style component for calling extra attention to featured content or information.</p>
 <hr class="my-4">
```

```
<p>It uses utility classes for typography and spacing
to space content out within the larger container.</p>
<a class="btn btn-primary btn-lg" href="#"
role="button">Learn more</a>
</div>
```

Janelas modais (modal):

São aquelas janelas que se abrem na janela do navegador que nos mostram alguma indicação.

Para realizar este exercício, devemos primeiro criar um botão que será o culpado do evento que aciona nossa janela modal. Vejamos a imagem 27 com seu código correspondente, que ao pressionar o botão geral o exemplo da imagem 28 também com seu código correspondente.

Imagem 27

```
<!-- Button trigger modal -->
<button type="button" class="btn btn-primary" data-toggle="modal" data-target="#exampleModal">
  Launch demo modal
</button>
```

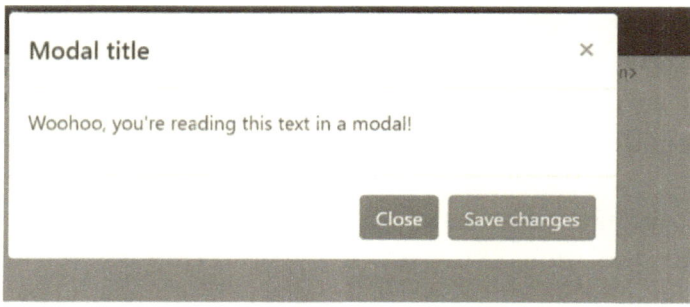

Imagem 28

Podemos ver claramente como o resto da página está coberto por uma cor preta transparente, o que indica que ela está desabilitada naquele momento, esperando que uma ação seja gerada na janela modal.

Também podemos ver que, como exemplo, temos um x no canto superior direito que serve como um botão Fechar e também tem um botão que diz **close** que também nos servirá para a mesma ação. Neste exemplo, o outro botão tem o texto **Save changes** que na realidade não fará nada já que uma ação desse tipo não será executada, pois este é apenas um exemplo.

```html
<!-- Modal -->
<div class="modal fade" id="exampleModal"
tabindex="-1" role="dialog" aria-
labelledby="exampleModalLabel" aria-hidden="true">
  <div class="modal-dialog" role="document">
    <div class="modal-content">
      <div class="modal-header">
        <h5 class="modal-title"
id="exampleModalLabel">Modal title</h5>
```

```html
    <button type="button" class="close" data-
dismiss="modal" aria-label="Close">
      <span aria-hidden="true">&times;</span>
    </button>
  </div>
  <div class="modal-body">

    ...
  </div>
  <div class="modal-footer">
    <button type="button" class="btn btn-secondary"
data-dismiss="modal">Close</button>
    <button type="button" class="btn btn-
primary">Save changes</button>
  </div>
  </div>
  </div>
</div>
```

Como podemos ver, o código é fácil de entender e ler.

Popovers:

Veremos claramente pelo que a imagem 29 nos mostra que um **Pop Over** com mais informações a serem pressionadas o botão. Isso é claramente ilustrado na Imagem 30.

Imagem 29

Imagem 30

Vamos ver o código que torna isso possível.

```
<button type="button" class="btn btn-lg btn-danger" data-toggle="popover" title="Popover title" data-content="And here's some amazing content. It's very engaging. Right?">Click to toggle popover</button>
```

Spinners:

Eu encorajo o leitor a entrar:
https://getbootstrap.com/docs/4.4/components/spinners/
A fim de apreciar os diferentes tipos de Spinners (ícones giratórios) e os vários exemplos de como gerá-los, veremos aqui um código que muda tem diferentes cores de exemplo e também a Imagem 31 que nos mostra a aparência do referido spinners

Imagem 31

```
<div class="spinner-border text-primary"
role="status">
  <span class="sr-only">Loading...</span>
</div>
<div class="spinner-border text-secondary"
role="status">
  <span class="sr-only">Loading...</span>
</div>
<div class="spinner-border text-success" role="status">
  <span class="sr-only">Loading...</span>
</div>
<div class="spinner-border text-danger" role="status">
  <span class="sr-only">Loading...</span>
</div>
<div class="spinner-border text-warning"
role="status">
  <span class="sr-only">Loading...</span>
```

```
</div>
<div class="spinner-border text-info" role="status">
  <span class="sr-only">Loading...</span>
</div>
<div class="spinner-border text-light" role="status">
  <span class="sr-only">Loading...</span>
</div>
<div class="spinner-border text-dark" role="status">
  <span class="sr-only">Loading...</span>
</div>
```

Toasts:

Neste exemplo não veremos o mais simples que seria gerar um único, veremos um que se chama pilha, onde vários se acumulam. Neste caso dois e é mais prático, pois podemos ver o que acontece quando eles estão fechados.

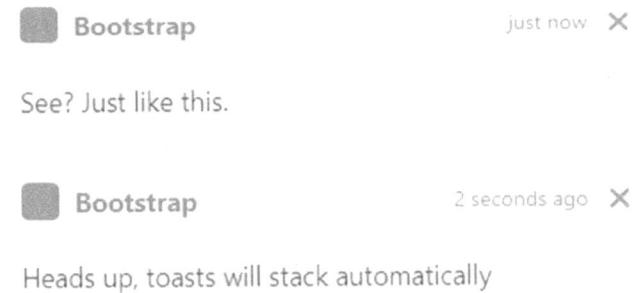

Imagem 32

```
<div class="toast" role="alert" aria-live="assertive" aria-atomic="true">
  <div class="toast-header">
    <img src="..." class="rounded mr-2" alt="...">
    <strong class="mr-auto">Bootstrap</strong>
    <small class="text-muted">just now</small>
    <button type="button" class="ml-2 mb-1 close" data-dismiss="toast" aria-label="Close">
      <span aria-hidden="true">&times;</span>
    </button>
  </div>
  <div class="toast-body">
```

```
    See? Just like this.
  </div>
</div>

<div class="toast" role="alert" aria-live="assertive" aria-atomic="true">
  <div class="toast-header">
    <img src="..." class="rounded mr-2" alt="...">
    <strong class="mr-auto">Bootstrap</strong>
    <small class="text-muted">2 seconds ago</small>
    <button type="button" class="ml-2 mb-1 close" data-dismiss="toast" aria-label="Close">
      <span aria-hidden="true">&times;</span>
    </button>
  </div>
  <div class="toast-body">
    Heads up, toasts will stack automatically
  </div>
</div>
```

Podemos ver claramente como o código é dividido em dois alertas do tipo **toast**, que devemos mencionar que eles são legais e até engraçados.

Embeds:

Objetos incorporados, como vídeos ou áudios, são o último tópico que abordaremos, antes de passarmos para o que chamamos de **exemplo da vida real**.

```
<div class="embed-responsive embed-responsive-16by9">
  <iframe class="embed-responsive-item" src="https://www.youtube.com/embed/......" allowfullscreen></iframe>
</div>
```

Tons (Shadows):

No shadow

Small shadow

Regular shadow

Larger shadow

Imagem 33

```
<div class="shadow-none p-3 mb-5 bg-light
rounded">No shadow</div>
<div class="shadow-sm p-3 mb-5 bg-white
rounded">Small shadow</div>
<div class="shadow p-3 mb-5 bg-white
rounded">Regular shadow</div>
<div class="shadow-lg p-3 mb-5 bg-white
rounded">Larger shadow</div>
```

Para terminar:

Bem, e com isso chegamos ao fim da lista de estilos que você seleciona para ensiná-los, como sempre menciono se eles entrarem no site oficial, eles poderão encontrar muitos mais exemplos e muitos mais estilos, mas tendo terminado este livro, o leitor está treinado para entender totalmente o site oficial de bootstrap.

Exemplo da vida real:

```
<!DOCTYPE html>
<html lang="pt">
 <head>
<meta name="keywords" content=" Água sanitária,
detergente, produtos de limpeza, limpeza ">
  <meta charset="utf-8">
  <meta name="viewport" content="width=device-
width, initial-scale=1, shrink-to-fit=no">
   <title> Produtos de limpeza </title>
   <link rel="stylesheet"
href="https://stackpath.bootstrapcdn.com/bootstrap/
4.3.1/css/bootstrap.min.css" integrity="sha384-
ggOyR0iXCbMQv3Xipma34MD+dH/1fQ784/j6cY/iJT
QUOhcWr7x9JvoRxT2MZw1T"
crossorigin="anonymous">

<script data-ad-client="ca-pub-000000000000" async
src="https://pagead2.googlesyndication.com/pagead/
js/adsbygoogle.js"></script>

 </head>
   <img src="./ Acima.jpg" class="img-fluid mx-auto d-
block">
<div class="container" style="background:transparent
url('./fondo.jpg') no-repeat center center /cover" >
<body style="background-color:black;">

<nav class="navbar navbar-expand-lg navbar-dark bg-
dark sticky-top">
```

```
<a class="navbar-brand" href="#"> Itens de limpeza à
venda </a>
<button class="navbar-toggler" type="button" data-
toggle="collapse" data-
target="#navbarNavAltMarkup" aria-
controls="navbarNavAltMarkup" aria-
expanded="false" aria-label="Toggle navigation">
    <span class="navbar-toggler-icon"></span>
  </button>
<div class="collapse navbar-collapse"
id="navbarNavAltMarkup">
    <div class="navbar-nav">
    <a class="nav-item nav-link active"
href="index.htm"> Principal <span class="sr-
only">(current)</span></a>
    <a class="nav-item nav-link" href="itens.htm">
Catálogo de artigos </a>
      <a class="nav-item nav-link" href="  vendas.htm">
Pontos de venda </a>
      <a class="nav-item nav-link" href="
contatenos.htm"> Contate-Nos </a>
    </div>
  </div>
</nav>


    <h2 class="text-center text-white-50"> bem-vindo a
<strong> vendademateriaisdelimpezaexample.com
</strong></h2>
        <br>
          <p class="text-justify mx-4 text-light"> Você
chegou ao site mais completo de venda de produtos de
limpeza online.</p>
          <br>
```

```
<p class="text-center text-danger"><strong>
Observe que todos os nossos produtos são garantidos
</strong></p>

<p class="text-center text-white-50"> Clique
no produto desejado </p>
<a class="text-center nav-item nav-link text-danger" href=" alvejante.htm"> alvejante </a>
<a class="text-center nav-item nav-link text-danger" href="detergente.htm">detergentes</a>
<a class="text-center nav-item nav-link text-danger" href="desinfetantes.htm"> Desinfetantes </a>
<p class="text-center invisible"> detergentes,
lavandins, sabonetes, trapos, produtos de limpeza,
desinfetantes </p>
<br>
<hr>
<p class="text-justify text-muted mx-3">
<strong> Termos e condições de serviço
</strong><br>
Negamos categoricamente e definitivamente qualquer
contato com menores de 18 anos. Vou usar os serviços e
/ ou produtos. O uso de qualquer um dos serviços ou
produtos será considerado aceitação dessas políticas e
termos.

</p>
<br>


<a class="text-center nav-item nav-link text-white" href="privacidade.htm"> Privacidade </a>
```

```html
<a class="fixed-bottom text-info ml-5"
href="cookies.htm"><strong> Informações sobre o uso
de cookies</strong></a>

    <script src="https://code.jquery.com/jquery-
3.3.1.slim.min.js" integrity="sha384-
q8i/X+965DzO0rT7abK41JStQIAqVgRVzpbzo5smXKp
4YfRvH+8abtTE1Pi6jizo"
crossorigin="anonymous"></script>
    <script
src="https://cdnjs.cloudflare.com/ajax/libs/popper.js
/1.14.7/umd/popper.min.js" integrity="sha384-
UO2eT0CpHqdSJQ6hJty5KVphtPhzWj9WO1clHTMGa
3JDZwrnQq4sF86dIHNDz0W1"
crossorigin="anonymous"></script>
    <script
src="https://stackpath.bootstrapcdn.com/bootstrap/4.
3.1/js/bootstrap.min.js" integrity="sha384-
JjSmVgyd0p3pXB1rRibZUAYoIIy6OrQ6VrjIEaFf/nJGz
IxFDsf4x0xIM+B07jRM"
crossorigin="anonymous"></script>
  </body>
</div>
</html>
```

Análise de código:

Faça uma rápida leitura e verificação do código e pergunte a si mesmo do que se trata. Se disseste, o que aparentemente se assemelha a uma página web, parte de um site dedicado à venda de produtos de limpeza, estamos no caminho certo.

Agora vamos começar a analisar cada fragmento.

```html
<!DOCTYPE html>
<html lang="pt">
  <head>
```

Seguimos com o formato do documento, que neste caso é **html** e dizemos que o idioma do conteúdo será maioritariamente em **português** e aí abrimos a etiqueta **<head>** que é onde colocaremos os dados do cabeçalho.

```html
<meta name="keywords" content=" Água sanitária, detergente, produtos de limpeza, limpeza ">
    <meta charset="utf-8">
  <meta name="viewport" content="width=device-width, initial-scale=1, shrink-to-fit=no">
    <title> Produtos de limpeza </title>
```

Aqui nesta parte do código e dentro do cabeçalho, vemos as tags **keywords** que são usados para colocar as palavras-chave, o que significa?, que quando o mecanismo de pesquisa indexa nosso site (por exemplo google) você verá que nosso site deseja ser encontrado com essas palavras-chave, neste exemplo: Água sanitária, detergente, produtos de limpeza, limpeza.

Outro rótulo que vemos, que vem a seguir é **charset** que sua tradução é um conjunto de caracteres, neste caso o conjunto de caracteres escolhido é o **utf-8** isso é para sotaques, ç e outros caracteres especiais estão bem representados no site.

Nós também temos o **viewport** que é o que indica a escala do dispositivo.

E por ultimo **<title>** que é usado para exibir o título do site, que será exibido na barra de título da janela do navegador.

Bem, até agora, as coisas não são muito diferentes de outro site que não usa bootstrap. Mas valeu a pena explicar um pouco acima, para aquele leitor que não estava totalmente claro sobre os conceitos. E para quem já os conhecia revê-los.

```
<link rel="stylesheet"
href="https://stackpath.bootstrapcdn.com/bootstrap/
4.3.1/css/bootstrap.min.css" integrity="sha384-
ggOyR0iXCbMQv3Xipma34MD+dH/1fQ784/j6cY/iJT
QUOhcWr7x9JvoRxT2MZw1T"
crossorigin="anonymous">
```

Esta linha liderada por **link** É o que tínhamos indicado no início do livro, o que nos permite ter acesso aos códigos e estilos do bootstrap.

```
<script data-ad-client="ca-pub-000000000000" async
src="https://pagead2.googlesyndication.com/pagead/
js/adsbygoogle.js"></script>

</head>
```

E aqui está um bom lugar para colocar o código que nos fornece google ads para anúncios automatizados em nosso site. Para então terminar com o cabeçalho com **</head>**.

```
<img src="./acima.jpg" class="img-fluid mx-auto d-block">
```

Com esta linha de código colocamos uma imagem como banner no topo da página, cujo arquivo de imagem é chamado **acima.jpg** e está localizado no diretório raiz do nosso site.

```
<div class="container" style="background:transparent
url('./fondo.jpg') no-repeat center center /cover" >
<body style="background-color:black;">
```

Nesta outra parte o que fazemos é dizer que a imagem de fundo que aparecerá em nosso site é ./fundo.jpg e que a cor de fundo do site que ficará abaixo da imagem será preta.

```
<nav class="navbar navbar-expand-lg navbar-dark bg-dark sticky-top">
  <a class="navbar-brand" href="#"> Itens de limpeza à venda </a>
```

```
<button class="navbar-toggler" type="button" data-
toggle="collapse" data-
target="#navbarNavAltMarkup" aria-
controls="navbarNavAltMarkup" aria-
expanded="false" aria-label="Toggle navigation">
  <span class="navbar-toggler-icon"></span>
</button>
<div            class="collapse            navbar-collapse"
id="navbarNavAltMarkup">
  <div class="navbar-nav">
  <a class="nav-item nav-link active"
href="index.htm">Principal <span class="sr-
only">(current)</span></a>
  <a class="nav-item nav-link" href="itens.htm">
Catálogo de artigos </a>
  <a class="nav-item nav-link" href="vendas.htm">
Pontos de venda </a>
  <a class="nav-item nav-link"
href="contatenos.htm"> Contate-Nos </a>
  </div>
  </div>
</nav>
```

Claramente, é neste bloco de texto que criamos o menu ou barra de navegação, com seu link e seus links correspondentes, como é o contato com **contatenos.htm** Vamos ver também que colocamos ícones e algumas outras particularidades que vimos ao visualizar o **navbar**

<h2 class="text-center text-white-50"> bem-vindo a
<strong> vendademateriaisdelimpezaexample.com
</strong></h2>

        <p class="text-justify mx-4 text-light"> Você
chegou ao site mais completo de venda de produtos de
limpeza online.</p>

        <p class="text-center text-danger"><strong>
Observe que todos os nossos produtos são garantidos
</strong></p>

        <p class="text-center text-white-50"> Clique
no produto desejado </p>
        <a class="text-center nav-item nav-link text-
danger" href="lavandina.htm">Lavandinas</a>
    <a class="text-center nav-item nav-link text-
danger" href="detergente.htm">detergentes</a>
        <a class="text-center nav-item nav-link text-
danger" href="desinfetantes.htm"> Desinfetantes </a>
        <p class="text-center invisible"> detergentes,
lavandins, sabonetes, trapos, produtos de limpeza,
desinfetantes </p>

<hr>
<p class="text-justify text-muted mx-3">
<strong> Termos e condições de serviço
</strong>
Negamos categoricamente e definitivamente qualquer
contato com menores de 18 anos. Vou usar os serviços e
/ ou produtos. O uso de qualquer um dos serviços ou
produtos será considerado aceitação dessas políticas e

termos.

```
</p>
<br>
<a class="text-center nav-item nav-link text-white" href="privacidade.htm"> Privacidade </a>
```

Em todo esse texto temos o conteúdo da própria página. Comece com um título do tipo **h2** que diz Bem-vindo a ... com rótulos **strong** destacar o nome do site e a seguir e abaixo alguns textos com hiperlinks que compõem o conteúdo. Temos até textos invisíveis que vão ser usados, também para indexação pelos motores de busca, mas que não serão visíveis no nosso site.

Quase no final encontramos as condições de uso do site.

E para finalizar um link que nos direciona para a página onde serão esclarecidas as políticas de privacidade do site.

```
<a class="fixed-bottom text-info ml-5" href="cookies.htm"><strong> Informações sobre o uso de cookies </strong></a>
```

Este é um hiperlink que permanece flutuando conforme a página rola, indicando que clicamos se quisermos acessar a página que contém a descrição do uso de cookies, conforme exigido pelas políticas de algumas regiões, como a União Europeia.

```
<script src="https://code.jquery.com/jquery-
3.3.1.slim.min.js" integrity="sha384-
q8i/X+965DzO0rT7abK41JStQIAqVgRVzpbzo5smXKp
4YfRvH+8abtTE1Pi6jizo"
crossorigin="anonymous"></script>
<script
src="https://cdnjs.cloudflare.com/ajax/libs/popper.js
/1.14.7/umd/popper.min.js" integrity="sha384-
UO2eT0CpHqdSJQ6hJty5KVphtPhzWj9WO1clHTMGa
3JDZwrnQq4sF86dIHNDz0W1"
crossorigin="anonymous"></script>
<script
src="https://stackpath.bootstrapcdn.com/bootstrap/4.
3.1/js/bootstrap.min.js" integrity="sha384-
JjSmVgyd0p3pXB1rRibZUAYoIIy6OrQ6VrjIEaFf/nJGz
IxFDsf4x0xIM+B07jRM"
crossorigin="anonymous"></script>
```

Como dissemos no início do livro, não vamos apenas incluir o rótulo **link** no cabeçalho para que você possa usar o bootstrap, ou melhor, os estilos de bootstrap, mas você também precisa incluir os scripts java necessários para o comportamento do site. Como é sabido, como os scripts java demoram um pouco mais para carregar, é aconselhável colocá-los um pouco antes de fechar **</body>** Desta forma, todo o conteúdo do site pode ser exibido e finalmente o navegador terá a oportunidade de carregar o comportamento de cada objeto e de cada botão, tornando-se quase imperceptível para o navegador.

```
</body>
</div>
</html>
```

Vemos nesta parte final, o que se faz é fechar o body, aquele div desde o início e também o código html.

Chegamos ao final do livro e espero que o leitor tenha conseguido ter uma boa ideia do que é o trabalho de bootstrap.

Recomendamos que você entre:

www.whitetowerpublishing.com/code/bootstrap_01_pt.htm

Se você deseja acessar o código de amostra fornecido como um exemplo da vida real.

Livros recomendados da editora

Informática:

Cloud Computing
Computação quântica
Delphi - Manual do usuário
Delphi – Iniciantes
Machine Lerning - Inteligência artificial
Linux – Iniciantes
PHP - Manual do usuário
PHP – Iniciantes
Python - Manual do usuário
Python – Iniciantes
WebGL - Babylon.JS

Línguas:

Árabe – Iniciantes

Cinema:
Direção de fotografia

Você pode acessar o catálogo completo de livros
entrando no site da editora
www.whitetowerpublishing.com

SOBRE O AUTOR

Técnico em Eletrônica e Analista Programador. Diretor de fotografia e cinema abrangente. Escritor, roteirista, tradutor espanhol, português, italiano, alemão, inglês.

E-Mail
cancinos@hotmail.com